Eis
Ice cream
Gelato

selbst gemacht

Edition
Fackelträger

INHALT

Köstliche Eiskreationen

Lust auf Eis? Dann sparen Sie sich den Weg zur Eisdiele oder zum Supermarkt und machen Sie Ihre Lieblingseissorte einfach selbst. Die Palette der verführerischen gefrorenen Köstlichkeiten aus Eismaschine oder Tiefkühltruhe reicht von beliebten Eiscreme-Spezialitäten wie Milch-, Sahne- und Fruchteis über zarte Parfaits bis hin zu erfrischenden Granitas und Sorbets.

EISCREME

Milch- bzw. Sahneeis basiert grundsätzlich auf Milch und/oder Sahne, Eiern, Zucker und verschiedenen Geschmackszutaten wie beispielsweise Schokolade, Nüsse, Alkohol, Fruchtmark oder Fruchtsäfte (Fruchteis hat einen Fruchtgehalt von mindestens 20 Prozent). Die Eismasse muss während des Gefrierens regelmäßig mit einer Gabel umgerührt werden, damit die Eiskristalle möglichst klein bleiben – in einer Eismaschine geschieht das automatisch.

PARFAITS

Ein Parfait besteht hauptsächlich aus Eigelb, das mit Zucker im Wasserbad cremig aufgeschlagen wird, geschlagener Sahne, ggf. Eischnee und weiteren Geschmackszutaten. Durch die Zugabe von Sahne und Eischnee erhält es eine eher lockere Konsistenz und bildet nur kleine Eiskristalle. Im Gegensatz zum Eis werden Parfaits nicht unter Rühren (z. B. in einer Eismaschine) hergestellt. Die Masse gefriert vielmehr stehend im Tiefkühlfach und wird halbgefroren serviert.

SORBETS

Sorbets werden aus Zuckersirup hergestellt, der mit Fruchtpüree, Fruchtsaft oder Tee, ggf. auch mit Alkohol (wie Champagner) aromatisiert wird. Sorbets beinhalten in der Regel weder Milchprodukte noch Eier – höchstens Eischnee, der es luftiger und leichter macht. Sorbets müssen während des Gefrierens mehrfach umgerührt werden, damit eine glatte, cremige Masse entsteht.

TIPPS & TRICKS

• Rühren Sie bei der Herstellung von Eiscreme und Sorbets die Eismasse während des Gefriervorgangs regelmäßig mit einer Gabel um, damit die Masse geschmeidig wird und sich keine Eiskristalle bilden.

• Nehmen Sie das Eis einige Minuten vor dem Servieren aus dem Tiefkühlfach, damit es leicht antaut. So lässt es sich einfacher formen und schmeckt noch cremiger und intensiver.

• Beachten Sie bei der Arbeit mit einer Eismaschine unbedingt das jeweilige Fassungsvermögen der Maschine und bereiten Sie generell lieber kleinere Mengen zu, damit das Eis richtig fest wird.

Walnuss-Eis
einfach gut

FÜR 4 PORTIONEN

· ·

- *50 g Walnüsse*
- *500 ml Milch*
- *5 Eigelb*
- *100 g Puderzucker*

1 Die Walnüsse hacken. Die Milch aufkochen, dann vom Herd nehmen und die Nüsse darin etwa 10 Minuten ziehen lassen.

2 Die Eigelbe mit dem Puderzucker schaumig schlagen. Die Nussmilch hinzufügen, alles über einem warmen Wasserbad cremig rühren. Im kalten Wasserbad kalt schlagen.

3 Die Masse in eine flache Schüssel geben und im Gefrierschrank etwa 6 Stunden gefrieren lassen. Dabei mehrmals umrühren. Vor dem Servieren kurz antauen lassen.

Nougat-Parfait
mit Mandelblättchen

1 Mandeln in einer Pfanne ohne Fett rösten, herausnehmen. Eier trennen. Eigelbe, Zucker und Honig im heißen Wasserbad ca. 5–6 Minuten cremig schlagen. Nougat würfeln und im heißen Wasserbad schmelzen. Flüssigen, lauwarmen Nougat unter die Eiermasse rühren. Alles etwas abkühlen lassen.

2 Eine Kastenform (ca. 1 l Inhalt) oder eine leere Eisdose mit Folie auslegen. Eiweiße und Sahne getrennt steif schlagen. Die Mandeln bis auf 1 EL unter die Eiermasse rühren, dann die Sahne und zuletzt den Eischnee unterheben. Parfaitmasse in die Form füllen, abdecken und mindestens 6 Stunden, am besten über Nacht, ins Gefrierfach stellen.

3 Parfait aus der Form stürzen, leicht antauen lassen und in Scheiben schneiden oder mit einem Eisportionierer Kugeln abstechen. Mit dem Rest Mandeln bestreuen.

FÜR 6 PORTIONEN

- 100 g Mandelblättchen
- 4 Eier
- 3 EL Zucker
- 3 EL Honig
- 100 g Nuss-Nougat (schnittfest)
- 250 g Sahne

Kaffee-Eis
mit Crème double

FÜR 6 PORTIONEN

- *300 ml Milch*
- *2 EL Zucker*
- *1 EL Instantkaffee*
- *1 Ei*
- *2 Eigelb*
- *300 g Crème double*
- *50 g gehackte Cashewkerne*

1 Die Milch mit 1 EL Zucker in einem Topf erhitzen, den Zucker unter Rühren auflösen. Die Masse aufkochen, vom Herd nehmen und das Kaffeepulver einrühren.

2 Das Ei und die Eigelbe im heißen Wasserbad schaumig schlagen. Die Milch-Kaffee-Mischung zugeben und alles im Wasserbad cremig rühren, aber nicht kochen. Abkühlen lassen.

3 Die Crème double mit dem restlichen Zucker halb steif schlagen und mit den Cashewkernen unter die Kaffeecreme heben.

4 Die Masse in ein flaches Gefäß füllen und im Gefrierschrank ca. 5 Stunden gefrieren lassen. Dabei mehrmals durchrühren.

Stracciatella-Eis
klassisch gut

1 Die weiße Schokolade grob hacken und mit der Milch und 100 g Sahne im heißen Wasserbad unter Rühren erwärmen, bis die Schokolade geschmolzen ist. Alles im Mixer glatt pürieren und abkühlen lassen. Die restliche Sahne steif schlagen und unterheben.

2 Die Masse in eine flache Form geben und im Gefrierschrank für 2 Stunden anfrieren lassen. Die dunkle Schokolade unter das Eis heben und weitere 4 Stunden gefrieren lassen. In Kugeln portioniert servieren.

FÜR 4 PORTIONEN

- 100 g weiße Schokolade
- 200 ml Milch
- 200 g Sahne
- 50 g dunkle Schokolade, gehackt

Tipp: Schokolade ist mit verschieden hohen Kakaomasseanteilen erhältlich. Je höher der Anteil an Kakao, desto dunkler, geschmacksintensiver und bitterer die Schokolade. Weiße Schokolade hat im Gegensatz dazu überhaupt keinen Kakaoanteil, sondern enthält nur Kakaobutter, Zucker, Milchpulver und Aromen, meist Vanille. Sie besitzt einen sehr hohen Zuckeranteil von über 50 Prozent.

Marmorierter Vanille-Eistraum

- *1 Vanilleschote*
- *100 ml Vollmilch zzgl. etwas zum Anrühren*
- *1 Eigelb*
- *100 g Sahne*
- *100 g Puderzucker*
- *100 ml kalter Kakao*

1 Die Vanilleschote auskratzen und in einem Topf das Mark mit der Milch kurz aufkochen lassen. Für 5 Minuten weiterköcheln lassen, vom Herd nehmen. Das Eigelb in etwas Milch verrühren und dann zur restlichen Milch im Topf geben.

2 Die Sahne steif schlagen. Eine Hälfte davon mit 50 g Puderzucker unter die Vanillemilch heben. Die andere Hälfte der Sahne mit 50 g Puderzucker in den Kakao rühren, kalt stellen.

3 Die Formen zuerst mit der Milchmischung füllen und ins Gefrierfach stellen. Nach gut 1 Stunde die Kakaomischung zufügen. Dabei mit Hilfe einer Gabel ein Marmormuster hineinziehen. Dann die Stiele einlegen und für weitere 4 Stunden einfrieren.

Haselnuss-Parfait
mit Nusslikör

1 150 g Zucker in einer Pfanne hellbraun karamellisieren lassen. Dann die Pfanne vom Herd nehmen und die Haselnüsse unterrühren. Den Krokant auf Backpapier geben, glatt streichen, abkühlen und aushärten lassen. Die Hälfte mit dem Blitzhacker fein mahlen, die andere Hälfte gröber zerkleinern.

2 Die Eier trennen. Alle Eigelbe mit dem restlichen Zucker hellgelb und cremig aufschlagen. Dann den gemahlenen und zerkleinerten Krokant unterrühren. Mit sauberen Quirlstäben die Eiweiße mit 1 Prise Salz steif schlagen. In einer dritten Schüssel die Sahne steif schlagen, zum Schluss den Tannenhonig unterziehen.

3 Die drei schaumigen Massen miteinander vermengen und alles mit dem Nusslikör aromatisieren. In eine geeignete Parfait- oder Kastenform füllen und für ca. 5 Stunden im Tiefkühlfach gefrieren lassen. Antauen lassen, stürzen und servieren.

FÜR 4 PORTIONEN

· 200 g Zucker
· 150 g gehackte Haselnüsse
· 2 Eier
· 4 Eigelb
· 1 Prise Salz
· 450 g Sahne
· 50 g Tannenhonig
· 2 EL Nusslikör

Eissterne

mit Kokos und Krokant

1 Kokosraspel in einer Pfanne ohne Fett anrösten. Eigelbe, Eier und Zucker im heißen Wasserbad schaumig aufschlagen. Ins kalte Wasserbad stellen und den Eischaum kalt schlagen. Sahne steif schlagen und unterziehen. Von der Creme ein Drittel abnehmen, den Kokoslikör untermischen und kalt stellen.

2 Die restliche Creme vorsichtig mit dem gemahlenen Zimt und dem Zimtlikör (bzw. Rum) mischen. Eine Backform mit Backpapier auslegen. Zimtcreme hineinstreichen und 30 Minuten tiefkühlen.

3 Kokosraspel und Krokant mischen. Kokoslikörcreme auf die Zimtcreme streichen, mit der Krokantmischung bestreuen und über Nacht ins Tiefkühlfach stellen. Aus dem Eis Sterne ausstechen und auf Teller anrichten. Mit Himbeeren und Physalis garnieren und sofort servieren.

Haselnuss-Eis
mit Haselnusslikör

1 Die Haselnüsse in einer Pfanne ohne Fett goldbraun rösten, dann abkühlen lassen. Die Haut abreiben. Nüsse mit 2 EL Zucker mischen und mahlen.

2 Die Milch in einen Topf füllen, die Vanilleschote aufschneiden, das Mark herauskratzen und mit der Schote zur Milch geben. Bis kurz vor dem Siedepunkt erhitzen, dann die Vanilleschote entfernen.

3 Die Eigelbe mit dem restlichen Zucker schaumig schlagen und mit der heißen Milch verrühren. Im heißen Wasserbad cremig rühren. Die Nüsse und den Likör unterheben und abkühlen lassen.

4 Die Masse in eine flache Schale geben und im Gefrierschrank ca. 6 Stunden gefrieren lassen. Dabei mehrmals umrühren. In Kugeln portioniert servieren.

FÜR 4 PORTIONEN

- 75 g Haselnüsse
- 75 g Zucker
- 475 ml Milch
- 1 Vanilleschote
- 4 Eigelb
- 2 cl Haselnusslikör

Kardamom-Milcheis
mit Mandeln und Pistazien

FÜR 4 PORTIONEN

- 1 l Milch
- 6 Kardamomkapseln
- 3 EL Puderzucker
- 15 g gehackte Mandeln
- 15 g gehackte Pistazien

1 Die Milch und den Kardamom in einem Topf aufkochen, bei geringer Temperatur und unter Rühren auf zwei Drittel der Milch einkochen lassen.

2 Den Zucker zugeben und 2 Minuten köcheln lassen, dann die Kardamomkapseln entfernen. Mandeln und Pistazien hinzufügen, die Masse in ein flaches Gefäß füllen und abkühlen lassen.

3 Ca. 5 Stunden in den Gefrierschrank stellen und dabei mehrmals gründlich umrühren, um die Eiskristalle zu verrühren. Das Eis in Portionsförmchen füllen und über Nacht fest werden lassen. Vor dem Servieren aus den Förmchen lösen.

Aprikosen-Eis
mit Rosmarin

1 Die Sahne mit der Milch in einem Topf erhitzen, vom Herd nehmen. Eigelbe mit 100 g Zucker schaumig schlagen, in der heißen Milch cremig rühren, aber nicht kochen, dann abkühlen lassen.

2 Die Aprikosen häuten, halbieren und die Steine entfernen. Das Fruchtfleisch mit dem Zitronensaft, dem restlichen Zucker und dem ausgekratzten Mark der Vanilleschote pürieren. Den Rosmarin unter das Fruchtpüree rühren. Die Sahnecreme mit der Fruchtmasse mischen, in ein flaches Gefäß füllen und im Gefrierschrank ca. 5–6 Stunden gefrieren lassen. Mehrmals durchrühren.

3 Das Aprikosen-Eis auf Dessertschalen verteilen und sofort servieren. Nach Belieben Fruchtsauce dazu reichen.

FÜR 6 PORTIONEN

- 400 g Sahne
- 100 ml Milch
- 4 Eigelb
- 125 g Zucker
- 500 g Aprikosen
- 1 EL Zitronensaft
- ½ Vanilleschote
- ½ TL fein gehackter Rosmarin

Marzipan-Eis

mit Amaretto und Rosenwasser

FÜR 4 PORTIONEN

- 100 g Marzipan-Rohmasse
- 200 ml Milch
- 25 g Zucker
- 2 TL Amaretto
- 1 TL Rosenwasser
- 200 g Sahne
- Waffeln und Schokosauce zum Servieren

1 Die Marzipanmasse zerkleinern und mit der Milch und dem Zucker unter Rühren erhitzen, nicht kochen. Die Marzipanmilch im Mixer glatt rühren. Dann Amaretto und Rosenwasser hinzufügen und abkühlen lassen.

2 Anschließend die Sahne steif schlagen und unterheben. Die Masse in eine flache Schale füllen und ca. 5–6 Stunden gefrieren lassen. Mehrmals durchrühren.

3 Von dem Eis Nocken abstechen und alles mit Waffeln und Schokosauce servieren.

Tipp: Marzipan können Sie auch selbst herstellen: Für ca. 200 g Marzipan 100 g süße Mandeln enthäuten und sehr fein mahlen. Mit 100 g Puderzucker, 1 Tropfen Bittermandelaroma und 1–2 EL Rosenwasser zu einer glatten Masse verrühren.

Aprikosen-Sahne-Versuchung

1 Die Sahne sehr steif schlagen, dabei den Puderzucker einrieseln lassen. Den Vanillezucker und die Muskatnuss einstreuen.

2 In vier Formen zuunterst die Aprikosenmarmelade verteilen. Darauf die gewürzte Sahne geben und alles für mindestens 5 Stunden ins Gefrierfach stellen.

FÜR 4 PORTIONEN:

· 400 g Sahne
· 150 g Puderzucker
· 1 Pck. Vanillezucker
· 1 TL frisch gemahlene Muskatnuss
· 4 EL Aprikosenmarmelade

Himbeer-Pfeffer-Sahne-Traum

1 Die Sahne sehr steif schlagen und dabei den Puderzucker einrieseln lassen. Mit Vanillezucker abschmecken.

2 In die Hälfte der Sahne mit einem Esslöffel die Himbeermarmelade gut unterrühren. So bekommt sie eine rosarote Farbe. Den grünen Pfeffer unterheben.

3 Zuerst diese Mischung in die Formen geben und dann die weiße Sahne darauffüllen. Ins Gefrierfach stellen und nach 5 Stunden mit Himbeeren dekoriert genießen.

FÜR 4 PORTIONEN:

· 400 g Sahne
· 150 g Puderzucker
· 1 Pck. Vanillezucker
· 4 EL Himbeermarmelade
· 1TL frisch gemahlener grüner Pfeffer
· Himbeeren für die Dekoration

Zimt-Eis

mit Lebkuchenbröseln

FÜR 6 PORTIONEN

- *2 Eigelb*
- *125 g Puderzucker*
- *200 g Crème double*
- *250 g Sahnejoghurt*
- *2 gestrichene TL Zimt*
- *60 g Lebkuchen (ohne Guss)*

1 Eigelbe und Puderzucker im heißen Wasserbad ca. 10 Minuten hell cremig aufschlagen. Dann etwas abkühlen lassen.

2 Crème double, Joghurt und Zimt unter die Creme rühren. Lebkuchen fein zerbröseln und unterheben. Creme in sechs Förmchen (à ca. 150 ml) füllen und glatt streichen. Über Nacht zugedeckt einfrieren.

3 Förmchen kurz in heißes Wasser tauchen. Dann das Eis nach Belieben auf Dessertteller stürzen oder in den Schälchen servieren.

Tipp: Servieren Sie zu dem Zimt-Eis Punschpflaumen! Dazu 1 Glas Pflaumen (720 g) abtropfen lassen, dabei den Saft auffangen. Saft mit je zwei Messerspitzen Nelkenpulver und Anispulver aufkochen. 8 EL Rotwein, 2 EL Rum und 1 TL Stärke glatt rühren, in den Saft rühren und aufkochen. Die Pflaumen unterheben.

Malaga-Eis
mit braunem Rum

1 Die Eigelbe mit dem Zucker und dem Vanillezucker schaumig rühren. Die Milch mit der Hälfte der Sahne mischen, in einem Topf bis kurz vor dem Siedepunkt erhitzen und mit dem Eischaum verrühren.

2 Die Mischung im heißen Wasserbad cremig rühren, sie darf jedoch nicht kochen. Herausnehmen und im Eiswasser kalt rühren.

3 Die restliche Sahne steif schlagen. Die Rosinen in 3 EL Rum einweichen. Restlichen Rum unter die kalte Eicreme heben. In eine flache Schale geben und im Gefrierschrank ca. 3 Stunden gefrieren.

4 Die Rumrosinen vorsichtig unterheben und das Eis für weitere 4–5 Stunden gefrieren lassen. In Kugeln portioniert servieren.

FÜR 4 PORTIONEN

- 3 Eigelb
- 50 g Zucker
- ½ Pck. Vanillezucker
- 150 ml Milch
- 200 g Sahne
- 50 g Rosinen
- 5 EL Rum

Zwetschgen-Eis
mit Zimt

FÜR 4 PORTIONEN

- *200 g Zwetschgen*
- *1 EL Zitronensaft*
- *50 g Zucker*
- *¼ TL gemahlener Zimt*
- *¼ TL gemahlene Nelke*
- *300 g Sahne*
- *2 Pck. Vanillinzucker*

1 Die Zwetschgen waschen, trocknen, halbieren und entsteinen. Mit dem Zitronensaft beträufeln. Den Zucker und die Gewürze zugeben und die Früchte pürieren. Das Püree im Gefrierschrank anfrieren lassen.

2 100 g Sahne mit dem Vanillinzucker aufkochen, dann im Eiswasserbad kalt rühren. Die Sahne mit dem Zwetschgenpüree verrühren. Die restliche Sahne steif schlagen und unter die Masse heben.

3 Die Masse in eine flache Schale geben und im Gefrierschrank ca. 6–7 Stunden fest werden lassen. Mehrmals umrühren.

Glühwein-Parfait
mit Kardamom

1 Die Vanilleschote der Länge nach aufschneiden und das Vanillemark herauskratzen. Die Orange waschen und trocken reiben. Die Schale mit einem Zestenreißer fein abziehen und das Fruchtfleisch filetieren. Kardamomkapseln öffnen und die schwarzen Samen herausnehmen. Den Rotwein in einen Topf geben, mit den Gewürzen und der abgeriebenen Orangenschale aufkochen und eine Weile köcheln lassen.

2 Eigelbe und Puderzucker im Wasserbad hellgelb und schaumig schlagen, dann aus dem Wasserbad nehmen. Den Glühwein durch ein Sieb gießen, ein Viertel der Menge beiseitestellen und den Rest nach und nach zur Eiermasse geben. Die Masse so lange weiterschlagen, bis sie kalt und schön schaumig-luftig ist. Die Sahne steif schlagen und unter die Creme heben.

3 Creme portionieren und bis zum Verzehr für ca. 6 Stunden einfrieren. Datteln entsteinen, fächerförmig aufschneiden und mit den filetierten Orangenstücken in den abgekühlten Rest Glühwein geben und kühl stellen. Das Parfait beim Anrichten nach Belieben mit Zimtzucker bestäuben. Mit den Orangenfilets und den Datteln anrichten. Den restlichen Glühwein auf Teller verteilen und servieren.

FÜR 4 PORTIONEN

- 1 Vanilleschote
- 1 unbehandelte Orange
- 3 Kapseln Kardamom
- 500 ml trockener Rotwein (z. B. Merlot)
- 1 Zimtstange
- 4 Nelken
- 4 Eigelb
- 200 g Puderzucker
- 400 g Sahne
- 8 Datteln
- 1 TL Zimtzucker nach Belieben

Sahneeis

mit Marsala

- 4 Eier
- 50 g Zucker
- 200 g Sahne
- 1 TL gemahlene Vanille
- ½ TL abgeriebene Limettenschale
- ½ TL Limettensaft
- 6 cl Marsala
- Vanillesauce zum Servieren

1 Die Eier trennen. Die Eigelbe mit dem Zucker schaumig schlagen. Die Hälfte der Sahne mit dem Vanillepulver bis kurz vor dem Siedepunkt erhitzen. Vom Herd nehmen und den Eischaum unterrühren.

2 Limettenschale, -saft und Marsala hinzufügen und die Masse im Eiswasserbad kalt rühren. Die restliche Sahne steif schlagen und unterheben.

3 Die Masse in einer flachen Schale im Gefrierschrank ca. 3 Stunden gefrieren lassen. Eiweiße halb steif schlagen und unter das Eis heben.

4 Weitere 4 Stunden gefrieren lassen, dabei mehrmals umrühren. Mit Vanillesauce servieren.

Mandelkrokant-Eis
mit Bittermandelaroma

1 Die Butter schmelzen und den Honig einrühren.Die Mandeln hinzufügen und unter Rühren karamellisieren lassen.

2 Eigelbe mit 25 g Zucker schaumig schlagen. Die Milch mit dem restlichen Zucker und 100 g Sahne unter Rühren aufkochen. Unter den Eischaum rühren, abkühlen lassen und in ein flaches Gefäß füllen. Ca. 1 Stunde kühl stellen.

3 Die restliche Sahne steif schlagen und mit dem Bittermandelaroma zugeben. Im Gefrierschrank ca. 2 Stunden gefrieren.

4 Auf Backpapier streichen, erkalten lassen und zerkleinern. Zwei Drittel des Krokants unterheben. Weitere 4–5 Stunden gefrieren, dabei mehrmals umrühren. Mit dem restlichen Krokant bestreut servieren.

FÜR 4 PORTIONEN

- 30 g Butter
- 2 EL Honig
- 100 g gehackte Mandeln
- 2 Eigelb
- 50 g Zucker
- 150 ml Milch
- 200 g Sahne
- 2 Tropfen Bittermandelaroma

Karamell-Nuss-Parfait
mit Rum

- 2 Eier
- 4 Eigelb
- 130 g Zucker
- 70 g Walnüsse, gehackt
- 50 g Nuss-Nougat
- 2 TL Rum
- 350 g Sahne

1 Die Eier mit den Eigelben und 100 g Zucker schaumig schlagen und über dem heißen Wasserbad cremig rühren. Dann im Eiswasserbad kalt rühren.

2 Den restlichen Zucker mit 2 EL Wasser in einer Pfanne unter Rühren goldgelb karamellisieren. Dann die gehackten Walnüsse zugeben.

3 Nuss-Nougat unter Rühren schmelzen, mit dem Rum mischen und unter die Eicreme rühren. Alles mit der Nuss-masse mischen und abkühlen lassen. Die Sahne steif schlagen und unterheben.

4 Die Masse im Gefrierschrank ca. 5 Stunden gefrieren lassen. Das Parfait leicht angetaut servieren.

Kiwi-Zitronen-Eis

1 Die Kiwis schälen, in kleine Stücke schneiden und in eine Schüssel geben. Die Schale der Zitrone abreiben und den Saft auspressen, beides zu den Kiwistücken geben.

2 Joghurt und saure Sahne zufügen und alles fein pürieren. Die Sahne sehr steif schlagen und mit dem Puderzucker unter die Fruchtcreme ziehen.

3 Die Creme in Formen füllen, Stiele hineinstecken und die Formen für ca. 5 Stunden ins Gefrierfach geben.

FÜR 8 PORTIONEN

· 8 Kiwis
· 1 unbehandelte Zitrone
· 250 g Vollmilchjoghurt
· 150 g saure Sahne
· 250 g Sahne
· 100 g Puderzucker

Mohn-Parfait
einfach köstlich

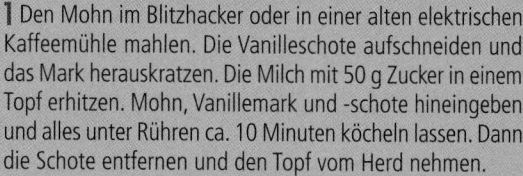

FÜR 4 PORTIONEN

- 100 g Mohn
- 1 Vanilleschote
- 180 ml Milch
- 130 g Zucker
- 4 Eigelb
- 300 g Sahne

1 Den Mohn im Blitzhacker oder in einer alten elektrischen Kaffeemühle mahlen. Die Vanilleschote aufschneiden und das Mark herauskratzen. Die Milch mit 50 g Zucker in einem Topf erhitzen. Mohn, Vanillemark und -schote hineingeben und alles unter Rühren ca. 10 Minuten köcheln lassen. Dann die Schote entfernen und den Topf vom Herd nehmen.

2 Die Eigelbe mit dem restlichem Zucker zu einer hellgelben und schaumigen Masse aufschlagen. Die noch warme Mohnmischung nach und nach unterrühren und alles im Kühlschrank vollständig erkalten lassen.

3 Die Sahne steif schlagen, unter die kalte Mohnmischung heben und alles in vier geeignete Förmchen oder Tassen füllen. Mit Frischhaltefolie abgedeckt für ca. 5 Stunden im Tiefkühlfach gefrieren lassen. Vor dem Servieren leicht antauen lassen und aus den Tassen oder Förmchen stürzen.

Pfirsich-Maracuja-Eis
mit Dickmilch

1 Die Maracujas halbieren und das Innere herauslöffeln. Die Pfirsiche waschen, häuten, halbieren, den Stein entfernen und das Fruchtfleisch würfeln. Beide Fruchtsorten mit Limettensaft pürieren. Durch ein Sieb streichen.

2 Die im Sieb verbliebene Masse mit 2 EL Honig und 2 EL Wasser erhitzen und ca. 5 Minuten köcheln. Erneut durchsieben und abkühlen lassen. Mit dem Fruchtpüree mischen und gefrieren lassen.

3 Den restlichen Honig mit der Dickmilch erhitzen und cremig einkochen. Im kalten Wasserbad abkühlen lassen und mit dem angefrorenen Fruchtpüree mischen.

4 Die Sahne steif schlagen und unterheben. In einer flachen Schale im Gefrierschrank ca. 5–6 Stunden fest werden lassen. Mehrmals umrühren. Vor dem Servieren kurz antauen lassen. Mit Limettenzesten garnieren.

FÜR 4 PORTIONEN

- *2 Maracujas*
- *2 Pfirsiche*
- *1 TL Limettensaft*
- *100 g Blütenhonig*
- *200 ml Dickmilch*
- *100 g Sahne*
- *Zesten von 1 unbehandelten Limette zum Garnieren*

Frozen-Basilikum-Joghurt

FÜR 4 PORTIONEN

- 1 Bund frisches Basilikum
- 4 Minzestängel
- 1 Zitrone
- 150 g Puderzucker
- 600–700 g Naturjoghurt
- 1 Prise frisch gemahlener weißer Pfeffer

1 Das Basilikum waschen, trocken schütteln und die Blätter abzupfen. Grob hacken und in eine Schüssel geben. Die Minze ebenfalls waschen, trocken schütteln und die abgezupften Blätter hacken. Zum Basilikum geben.

2 Die Zitrone auspressen und den Saft mit dem Puderzucker zum Kräutermix geben. Den Joghurt unterrühren und alles fein pürieren. Zum Schluss den Pfeffer zufügen.

3 In Formen füllen, Stiele einlegen und für mindestens 5 Stunden zum Gefrieren in das Eisfach geben.

Sahneeis
mit Schoko-Cookies

1 Die Eier trennen. Die Eiweiße und die Sahne getrennt steif schlagen. Die Eigelbe mit dem Zucker schaumig schlagen. Eiweiß und Sahne vorsichtig unter den Eischaum heben. Die Masse in eine flache Schale füllen und im Gefrierschrank ca. 2 Stunden gefrieren lassen. Alle 30 Minuten umrühren.

2 Die Schoko-Cookies in einem Plastikbeutel zerbröseln und nach 2 Stunden unter die Eismasse heben. Die Masse weitere 2 Stunden gefrieren lassen und dabei mehrfach umrühren. Auf Dessertschalen verteilt servieren.

FÜR 6 PORTIONEN

- *3 Eier*
- *300 g Sahne*
- *50 g Puderzucker*
- *50 g Schoko-Cookies*

Vanille-Blaubeer-Eisbombe
mit kandierten Früchten

FÜR 6 PORTIONEN

- 225 g TK-Blaubeeren
- 150 ml Orangensaft
- abgeriebene Schale von 1 unbehandelten Orange
- ½ TL gemahlenes Piment
- 50 g Zucker
- 500 ml Vanilleeis
- 2 EL gemischte kandierte Früchte
- 1 EL geröstete Mandelblättchen

1 Die Blaubeeren auftauen. Mit Orangensaft, Orangenschale und Piment in einem Topf aufkochen. Den Zucker hinzufügen und die Beeren pürieren. Das Püree abkühlen lassen.

2 Das Vanilleeis etwas antauen lassen. Die kandierten Früchte hacken und mit den Mandeln unter das Eis heben.

3 Die Vanillemasse in eine kleine runde Springform (18 cm Ø) füllen, die mit Frischhaltefolie ausgelegt wurde. In der Mitte der Masse mit dem Löffel eine Mulde formen. Das Eis im Gefrierschrank fest werden lassen.

4 Das Blaubeer-Sorbet in die vorgeformte Mulde füllen und alles erneut im Gefrierschrank fest werden lassen. Das Eis stürzen, die Folie entfernen und die Eisbombe in Stücke schneiden.

Kirsch-Parfait
mit Schuss

1 Die Kirschen abtropfen lassen. Dabei 50 ml Saft auffangen. 50 g Kirschen mit dem Saft und dem Kirschwasser pürieren.

2 Die Vanilleschote längs aufschneiden und das Mark herauskratzen. Die Milch und die Hälfte der Sahne mit der Vanilleschote und dem Mark in einem Topf aufkochen und 30 Minuten ziehen lassen. Die Vanilleschote entfernen und die Mischung erneut erhitzen.

3 Die Eigelbe mit dem Zucker schaumig schlagen, zur Sahnemilch geben und cremig rühren, aber nicht kochen. Im Eiswasserbad kalt rühren. Die Kirschmasse zugeben, die restliche Sahne steif schlagen und unterheben. Die Masse in eine Form oder ein Portionsschälchen füllen und ca. 7 Stunden gefrieren lassen. Leicht angetaut mit Melisseblättchen und den restlichen Kirschen garniert servieren.

FÜR 4 PORTIONEN

- 100 g Sauerkirschen
  (aus dem Glas, entsteint)
- 50 ml Kirschwasser
- 1 Vanilleschote
- 250 ml Milch
- 250 g Sahne
- 5 Eigelb
- 75 g Zucker
- Melisse zum Garnieren

Himbeer-Sahne

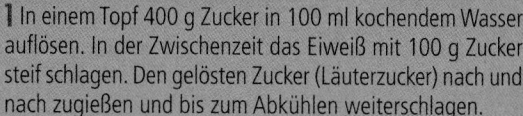

FÜR 6 PORTIONEN

- *500 g Zucker*
- *250 g Eiweiß (7–8 Eier)*
- *70 g Himbeeren, geputzt*
- *260 g Sahne*
- *100 g Puderzucker*

1 In einem Topf 400 g Zucker in 100 ml kochendem Wasser auflösen. In der Zwischenzeit das Eiweiß mit 100 g Zucker steif schlagen. Den gelösten Zucker (Läuterzucker) nach und nach zugießen und bis zum Abkühlen weiterschlagen.

2 In den Baiserschaum die Himbeeren einrühren. 60 g Sahne schlagen und unter das Himbeerbaiser rühren.

3 Die übrige Sahne mit dem Puderzucker süßen und nur etwas anschlagen, sodass die Sahne eine sämige Konsistenz bekommt. Von dieser Sahne 4 EL beiseitestellen.

4 Eisformen zuerst zu einem Drittel mit der angeschlagenen Sahne füllen und für 2 Stunden ins Gefrierfach stellen. Herausnehmen und das Himbeerfruchtbaiser darübergeben. Für 3 weitere Stunden gefrieren lassen.

5 Zum Abschluss auf jedes Förmchen etwa 1 EL von der angeschlagenen Sahne träufeln und vor dem Servieren kurz ins Gefrierfach oder die Kühltruhe legen.

Erdbeereis
klassisch gut

1 Die Erdbeeren waschen, trocken tupfen und putzen. Mit dem Zitronensaft und der Hälfte des Zuckers in eine Schüssel geben und pürieren.

2 Den restlichen Zucker mit den Eigelben in eine zweite Schüssel geben und zu einer hellgelben und schaumigen Masse aufschlagen.

3 Die Sahne in einer dritten Schüssel steif schlagen. Das Erdbeerpüree mit der Eigelbcreme mischen und zum Schluss die Sahne unterheben. Alles in der Eismaschine gefrieren lassen oder für ca. 5 Stunden ins Tiefkühlfach stellen. Am besten funktioniert dies in einem vorab bereits gekühlten Metallgefäß. Während des Gefrierens immer wieder umrühren.

FÜR 4 PORTIONEN

- 500 g Erdbeeren
- 2 EL Zitronensaft
- 150 g Zucker
- 4 Eigelb
- 400 g Sahne

Quark-Honig-Eis
mit Vanille

FÜR 4 PORTIONEN

- 200 g Akazienhonig
- 350 ml Milch
- 1 Vanilleschote
- 250 g Magerquark
- Himbeeren und Honig
  zur Dekoration

1 Den Honig mit der Milch in einen Topf geben. Die Vanille-schote aufschneiden, das Mark herauskratzen und mit der Schote zur Honigmilch geben. Die Mischung aufkochen und anschließend abkühlen lassen.

2 Die Schote entfernen, die Vanillemilch mit dem Quark glatt rühren. Die Masse in eine Schale füllen und im Gefrier-schrank ca. 5–6 Stunden fest werden lassen. Mehrmals sorgfältig umrühren, um die Eiskristalle zu verrühren.

3 Mit dem Eisportionierer auf Dessertschalen verteilen und mit frischen Himbeeren und Honig dekoriert servieren.

© 2015 Fackelträger Verlag GmbH, Köln
Emil-Hoffmann-Straße 1
D-50996 Köln

Bildnachweis:
S. 9, 18, 31, 37 © Studio Klaus Arras, Köln
S. 15, 28, 44, 51, 59 © Iris Kaczmarzcyk, Wiesbaden
Alle übrigen Fotos © TLC Fotostudio, Velen-Ramsdorf
Rezepte S. 14, 29, 45, 50, 58: Usch von der Winden, Wiesbaden
Einleitung und alle übrigen Rezepte: Nina Engels, Köln
Layout und Satz: Igor Divis, Dortmund
Umschlagabbildungen: © Africa Studio, Fotolia.com
Gesamtherstellung: Fackelträger Verlag GmbH, Köln

ISBN 978-3-7716-4601-1
Printed in China

www.fackeltraeger-verlag.de